AF245379

ANTIQUITÉS

ROMAINES, BYZANTINES, GALLO-ROMAINES

ET CELTO-CIMBRIQUES

TROUVÉES

DANS LE NORD DE L'EUROPE

PREMIÈRE NOTICE

PAR

L. LÉOUZON LE DUC

MEMBRE DE PLUSIEURS ACADÉMIES ET SOCIÉTÉS SAVANTES FRANÇAISES ET ÉTRANGÈRES
CHEVALIER DES ORDRES DE LA LÉGION D'HONNEUR, DU DANEBROG
DE L'ÉTOILE POLAIRE, DE SAINT OLAF, ETC., ETC.

CHARGÉ PAR L'EMPEREUR D'UNE MISSION ARCHÉOLOGIQUE EN DANEMARK
EN SUÈDE ET EN NORVÉGE

PARIS

IMPRIMERIE DE CH. LAHURE
RUE DE FLEURUS, 9

1863

[illegible]

[illegible]

[illegible]

[illegible] DE [illegible] ET [illegible]

[illegible]

[illegible]

[illegible]

[illegible]

[illegible]

1775

[illegible] DE [illegible] PIECES

[illegible]

[illegible]

ANTIQUITÉS

ROMAINES, BYZANTINES, GALLO-ROMAINES

ET CELTO-CIMBRIQUES

TROUVÉES

DANS LE NORD DE L'EUROPE

PREMIÈRE NOTICE

PAR

L. LÉOUZON LE DUC

MEMBRE DE PLUSIEURS ACADÉMIES ET SOCIÉTÉS SAVANTES FRANÇAISES ET ÉTRANGÈRES
CHEVALIER DES ORDRES DE LA LÉGION D'HONNEUR, DU DANEBROG
DE L'ÉTOILE POLAIRE, DE SAINT OLAF, ETC., ETC.

CHARGÉ PAR L'EMPEREUR D'UNE MISSION ARCHÉOLOGIQUE EN DANEMARK
EN SUÈDE ET EN NORVÉGE

PARIS

IMPRIMERIE DE CH. LAHURE

RUE DE FLEURUS, 9

—

1863

ANTIQUITÉS

ROMAINES, BYZANTINES, GALLO-ROMAINES

ET CELTO-CIMBRIQUES

TROUVÉES

DANS LE NORD DE L'EUROPE

« Lorsque aujourd'hui nous découvrons un simple objet d'art des
« temps anciens, nous jugeons par sa perfection plus ou moins grande
« à quelle période de l'histoire il se rapporte. S'il mérite notre admi-
« ration, soyez sûrs qu'il date d'une époque où la société bien assise
« était grande par les armes, par la parole, par les sciences comme
« par les arts. »

*(NAPOLÉON III. — Discours prononcé à la distribution des récom-
penses aux exposants français de Londres, le 25 janvier 1863.)*

Chargé par l'Empereur, vers la fin de 1861, d'une mission
archéologique dans le nord de l'Europe, j'ai consacré plus d'un
an aux travaux relatifs à cette mission, explorant successive-
ment le Danemark, la Suède, la Norvége, le Jutland (la Chersonnèse Cimbrique des anciens) et le Slesvig.

Ce n'est point la première fois que je visitais ces lointains
pays; j'y avais déjà fait de longs séjours, soit comme simple
voyageur, soit comme envoyé du gouvernement; et c'est d'eux,

surtout, que je me suis occupé dans les divers ouvrages que j'ai publiés.

Toutefois, absorbé presque exclusivement, lors de mes précédents voyages, dans l'étude des questions politiques, historiques et littéraires, je n'avais attaché qu'une attention secondaire aux questions archéologiques, me bornant à en reconnaître le terrain plutôt qu'à le sonder véritablement.

En me retrouvant dans le Nord, chargé d'une mission qui faisait de l'archéologie l'objet principal de mes recherches, j'ai donc été frappé de l'état florissant auquel cette science y est parvenue, et de l'intérêt considérable qu'elle y excite.

Je ne crains pas de le dire : si l'on veut avoir une juste idée de l'entente sérieuse des études archéologiques, des services importants qu'elles peuvent rendre à l'ethnographie, à l'histoire, même à la politique, il faut aller dans le Nord. Nulle part, les antiquités exhumées du sol national ne sont aussi nombreuses; nulle part, les méthodes qui président au classement des musées et des collections particulières, aussi claires, aussi logiques [1]; nulle part, les promoteurs et les interprètes des découvertes, aussi vaillants, aussi consciencieux, aussi instruits [2].

1. Outre une trentaine de collections particulières plus ou moins remarquables, j'ai visité et étudié, durant le cours de ma mission, les petits musées d'antiquités d'Upsal, de Gothenbourg, de Wisby et d'Odense, ainsi que les grands musées du même genre de Copenhague, de Stockholm, de Christiania, de Bergen et de Flensborg. De tous ces musées, celui de Copenhague est certainement le plus riche; le catalogue détaillé des divers objets qu'il renferme ne forme pas moins de dix gros in-folio manuscrits.

2. Parmi les archéologues du Nord, je citerai, en Suède et en Norvége, MM. Nilsson, Hildebrandt, Bruzelius, Sjöborg, Dybeck, Wiberg, Holmberg, Keyser, Munch, etc.; en Danemark, MM. Thompsen, Rafn, Worsaae, Herbst, Strunk, Steenstrup, Ipsen, F. Klee, etc.; en Slesvig, M. Engelhardt. — Je me borne, pour le moment, à men-

En Suède et en Norvége, il est vrai, le mouvement est moins actif, moins général qu'en Danemark. C'est que, dans ce dernier pays, le culte des monuments et des vieux souvenirs se rattache en quelque sorte au sentiment de la nationalité. La nationalité danoise, vivement surexcitée par l'absurde et interminable querelle que lui fait l'Allemagne, à propos des duchés de Holstein et de Slesvig, cherche jusque dans son passé le plus reculé des titres propres à confondre ses adversaires et à assurer son triomphe. De là vient qu'en Danemark, non-seulement les savants, mais encore les hommes du peuple, les ouvriers, les paysans, s'intéressent activement à l'archéologie : c'est de leur part élan de patriotisme. Aussi, lorsque, pendant mon séjour à Copenhague, je voyais, à chacune de mes visites au musée, des gens de toute condition y apporter quelque découverte nouvelle, ils m'apparaissaient comme des citoyens déposant une offrande sur l'autel de la patrie.

Le goût personnel du roi de Danemark pour les choses archéologiques a eu également une influence des plus heureuses sur le mouvement dont il s'agit. Le roi de Danemark a la passion des antiquités : c'est par ses soins, et sous son patronage que tant de fouilles ont été exécutées dans les diverses parties de son royaume; que le grand musée de Copenhague a été

---

tionner le nom de ces hommes qui, à des titres divers, ont tous mérité ou méritent encore dignement de la science archéologique. Plus tard, et peu à peu, je ferai connaître leurs travaux, dont il ne nous arrive guère, de temps en temps, que des échos affaiblis, sinon dénaturés, par l'entremise des Allemands. Je signalerai toutefois, sur ce sujet, deux articles écrits dans notre langue : l'un, fort intéressant, par M. Geffroy (*Revue des Deux-Mondes*, du 1er novembre 1862); l'autre, par M. A. Maury, de l'Institut (*Revue archéologique*, de juillet 1862). Ce dernier article sera de ma part l'objet de quelques observations.

organisé et enrichi; que des lois et des règlements tendant à sauvegarder les découvertes même les plus inopinées ont été pris et fidèlement observés. Le roi de Danemark a, en outre, son musée particulier, musée, qui malgré les pertes dont il a souffert lors de l'incendie du château de Fredriksborg, où il était renfermé, n'en forme pas moins encore aujourd'hui une des plus belles et des plus curieuses collections de l'Europe.

Mais le roi de Danemark ne se borne pas à recueillir des antiquités; il sait aussi les apprécier et les expliquer avec une compétence rare. Son opinion fait autorité parmi les savants et les érudits qui l'entourent, et qu'il protége avec éclat. J'ai puisé, moi-même, dans les entretiens dont il daignait m'honorer, plus d'un renseignement, plus d'un conseil qui m'ont été d'un très-grand secours pour l'accomplissement de ma mission. Je me ferai un devoir d'en témoigner plus explicitement ma reconnaissance au roi Frédérik VII, lorsque je publierai, sur mon voyage en Danemark, autre chose qu'une simple esquisse archéologique.

———————

Mon dessein, dans cette première notice, est de n'embrasser, parmi les antiquités trouvées dans le Nord, que celles dont, par suite de ma mission, j'avais plus particulièrement à m'occuper; celles, entre autres, dont j'ai pu rapporter les dessins, les specimens ou les fac-simile.

Ces antiquités comprennent les découvertes qui se rattachent à l'archéologie romaine, gallo-romaine et celto-cimbrique, les découvertes intéressant, par conséquent, soit directement, soit indirectement, avec l'histoire des dominateurs de l'ancienne Gaule, celle de nos origines nationales.

Je me bornerai, ici, à la simple énumération de ces découvertes, car il importe, d'abord, de poser et de préciser les faits. Je les discuterai ensuite dans un travail spécial que je publierai ultérieurement.

Ce travail soulèvera plus d'une question qui nous touchent de très-près. J'aurai, en effet, à y traiter des Cimbres, c'est-à-dire de ce plus jeune et plus vaillant rameau de la grande famille gauloise; à franchir avec eux la Chersonnèse Cimbrique et à les montrer établis bien au delà dans le haut Nord. J'aurai à caractériser leurs luttes guerrières et leurs pacifiques relations avec les Romains ; leur vitalité extrême malgré les défaites et les désastres ; leurs migrations ; leur mélange et leur cohabitation avec les Goths, avant de disparaître définitivement de l'histoire ; enfin j'aurai à constater les analogies frappantes qui existent entre les monuments et les souvenirs semés par eux dans le Nord, et ceux qu'ils ont laissés en Angleterre, en Écosse, en Irlande et en France.

Quant aux Romains, il s'agira d'expliquer à quel point leur influence s'est exercée sur les pays septentrionaux. Où se sont-ils arrêtés ? Ont-ils franchi l'Elbe, et jusqu'où ? Que faut-il penser des expéditions de Germanicus et d'autres généraux romains, sans doute, à travers les mers du Nord? des déclarations d'Auguste dans le monument d'Ancyre? Un curieux phénomène, c'est que tandis qu'en Suède et en Norvége, on ne trouve guère, en fait d'antiquités romaines, que des monnaies, des médailles, de rares ustensiles domestiques, et quelques objets d'art; en Danemark, au contraire, surtout dans les régions méridionales,

les armes abondent. D'où sont venues ces armes? Faut-il n'y voir qu'une importation de commerce ou le témoignage d'une lutte entre les Romains et les indigènes sur le territoire même des entrailles duquel elles ont été exhumées? Pomponius Mela, Pline, Tacite, Claude Ptolémée, Aœthicus Itricus, Velleius Paterculus, Jornandès, Procope, et d'autres historiens latins, goths ou byzantins ont plus ou moins touché à ces questions. En rapprochant ce qu'ils en ont dit des recherches des érudits, des historiens et des archéologues modernes du Nord, on parviendra peut-être à éclairer d'un jour nouveau ce côté curieux, mais encore obscur d'une histoire qui nous intéresse à tant de titres. Telle est la tâche que je me réserve de remplir dans ma seconde notice. Si j'y réussis, ma mission aura produit un résultat qui, je l'espère, sera sérieusement apprécié.

ANTIQUITÉS

ROMAINES ET BYZANTINES.

Les antiquités romaines et byzantines trouvées dans le Nord, peuvent se diviser en trois catégories : 1° les armes de guerre ; 2° les monnaies et médailles ; 3° les objets d'art et de parure, les ustensiles domestiques, etc.

Je consacrerai à chacune de ces catégories un chapitre spécial.

I

ARMES DE GUERRE.

Karlevi (Öland).

Glaive en vieux métal.

Resmo (Öland).

Figure de taureau, en bronze, percée d'un trou sous le ventre, pour servir d'étendard.

Gärdslösa (Öland).

Figure de chien en métal fondu, ayant eu probablement la même destination que la précédente.

Ruthsker (Bornholm).

Fourreau de glaive orné de dessins.

Hammenhög (Småland).

Fragments d'un glaive et de son fourreau.

Sænder Braarup (Slesvig).

Grande quantité de glaives en fer ;
Poignées desdits glaives avec pommeaux partie en bois simple, partie en bois garni de cuir fixé avec des clous d'argent ;
Pommeau du même genre en bronze, légèrement plaqué d'argent ;
Garde de glaive en argent ;
Plusieurs autres gardes en bois ;
Fourreaux et fragments de fourreaux ;
28 boucles et 30 garnitures diverses en bronze ;
Baudrier en cuir orné de dessins ;
Haches en fer ; nombre de hampes de lances ou de flèches en bois, ornées, au milieu, de clous d'argent ;
Grand arc en bois ;
Plusieurs boucliers ronds en bois, garnis sur les bords et transversalement, de plaques de bronze ;
18 disques (*umbos*) en bronze pour boucliers. Un de ces disques porte gravée dans le métal, cette inscription en majuscules latines : AEL AELIANUS ; tandis que sur le fragment d'un autre disque se trouve une inscription runique.
Grands fragments de deux cottes de mailles ;
Pectoral de cotte de mailles formé de deux plaques superposées, l'une en bronze, l'autre en argent, représentant neuf petites têtes de Méduse entourées de diverses figures d'animaux fantastiques, parmi lesquelles on distingue des dauphins ;

.Moitié d'un casque en bronze pâle, une des plus belles pièces de la découverte;

Serpent en bronze, destiné probablement à orner un casque.

Coiffure formée de lamettes d'argent dont quelques-unes sont dorées. — Masque en bronze revêtu d'ornements en argent et en or, susceptible de s'adapter à cette coiffure. Les deux pièces jointes ensemble rappellent l'αὐλῶπις des Grecs, et cette expression de Silvius Italicus « *Galeis abscundunt ora;* »

Pierres à aiguiser portatives;

Rênes et mors de cheval en bronze.

Nydam (Slesvig).

20 glaives ou poignards parfaitement conservés, plusieurs même avec leur poignée. Sur la lame de l'un de ces glaives, sont gravées ces lettres latines... RICUS;

Plus de 200 lances ou épieux, la plupart encore fixés à leur hampe;

Arcs en bois dur;

Près de 100 pointes de flèches en fer;

10 haches de combat, quelques-unes avec leur manche;

54 *umbos* ou disques de boucliers, dont 2 en bronze, les autres en fer, et parmi ces derniers 11 garnis d'un cercle en bronze;

Nombreuses pierres à aiguiser portatives;

Couteaux en fer avec manches en bois ou en corne;

Quantité de boucles en fer ou en bronze, pour fourreaux;

Squelette de cheval avec le mors entre les dents;

Plusieurs crânes de chevaux;

Rênes et mors de cheval en bronze.

Allesæ (Fionie).

Plusieurs boucliers en bois, cerclés de bronze;

Umbos de boucliers en fer;

Plusieurs glaives à deux tranchants en fer, sans garde et avec un simple petit bouton en bronze à l'extrémité supérieure ;

Poignée de glaive en ivoire et en argent, d'un travail remarquable ;

Boutons en ivoire pour pommeaux de glaives ;

Bouterolles de fourreaux en ivoire et en bronze ;

Garnitures diverses de fourreaux ;

Glaives courts, à un seul tranchant ;

Plusieurs centaines de lances ou d'épieux ; quelques pièces d'une forme très-élégante ;

Javelots en fer (le *pilum* des légions) ;

Hampes de lances et de flèches ;

Grand arc ;

Pointes de flèches en fer et en os ;

Celtes et autres engins en fer ; quelques-uns avec leurs manches ;

Forge de campagne avec tous ses accessoires ;

Lame de glaive en fer avec cette inscription en lettres d'argent : TASVIC...

Éperons avec leurs aiguillons ;

Grands débris d'un bateau, et d'autres objets en bois ;

Partie de lances en fer empaquetée dans de la toile, etc., etc.

A *Paarup* et *Flemlœse* (Fionie), *Skjœdstrup*, *Dallerup* et *Veile* (Jutland) on a fait, mais sur une moins grande échelle, des découvertes analogues à celles de Braarup, Nydam et Allesæ.

Il est à remarquer que la plupart des armes dont il vient d'être question portent les traces de coups violents donnés ou reçus, ce qui semble indiquer qu'elles n'ont été abandonnées ou déposées aux endroits où on les a trouvées qu'à la suite d'une bataille.

II

MONNAIES ET MÉDAILLES.

Bagsvœr (Séland).

45 monnaies d'argent de Vespasien à Macrin, trouvées en tas et à nu, sous une pierre. — Très-usées.

Slagelse (Séland).

428 monnaies d'argent de Tibère à Marc Aurèle. Remarquablement conservées.

Rynkeby (Fionie).

1 monnaie d'or de Valentinien III ;
1   id.   de Marcien ;
3   id.   de Léon.

Faxæ (Séland).

1 médaillon à l'effigie de Valentinien, muni d'un piton. — Usé.

Frederikshaven (Jutland).

1 monnaie de bronze d'Antonin le Pieux.

Lunde (Jutland).

1 monnaie d'or de Valentinien.

Bornhæved (Holstein).

3 monnaies d'or (de Tibère) ;
1 de Claude ;
2 de Néron. — Trouvées dans un tombeau.

Sænder-Braarup (Slesvig).

4 monnaies d'argent de Trajan ;
5   id.   d'Adrien ;
1   id.   d'Æl. Cæsar ;
3   id.   d'Antonin le Pieux ;
1   id.   de Faustine l'ancienne ;
1   id.   de Marc Aurèle ;
1   id.   de Faustine la jeune ;
1   id.   de Commode.

Nydam (Slesvig).

5 monnaies dont 1 d'Antonin et 4 de Marc Aurèle.

Allesæ (Fionie).

1 monnaie de Marc Aurèle.

Eskelhem (Gottland).

28 petites monnaies d'argent d'Antonin le Pieux à Marc Aurèle ;
5 monnaies d'or d'Honorius, de Théodose II, d'Anthemius, de Léon et de Basiliscus ;
11 autres monnaies d'or romaines et byzantines ;
124 monnaies d'empereurs romains jusqu'à Commode.

Sanda (Gottland).

5 monnaies d'argent d'Adrien à Commode.

Klinte (Gottland).

1 monnaie d'or de Titus.

Folkedarfve (Gottland).

22 monnaies d'argent de Trajan à Faustine la jeune.

Follingbro (Gottland).

7 monnaies d'argent de Trajan à Alexandre Sévère. — Usées.

Bro (Gottland).

35 monnaies d'argent de Vespasien à Marc Aurèle.

Lummelund (Gottland).

198 monnaies d'argent de Titus à Commode.

Träskvälder (Gottland).

13 monnaies d'argent de Trajan à Commode. — Usées.
1 monnaie d'or de Zénon.

Gahne (Gottland).

1 monnaie d'argent de Crispine.

Heide (Gottland).

1 monnaie d'argent de Julie Mammée.

Wänge (Gottland).

1 monnaie d'argent d'Antonin le Pieux.

Guldruppe (Gottland).

83 deniers romains d'Othon, Adrien, Marc Aurèle, Vespasien, Titus et Commode. — Très-usés.

Buttle (Gottland).

1 denier d'Adrien;
1   id.   de Marc Aurèle.

Lye (Gottland).

5 monnaies d'Adrien à Commode.

Wäte (Gottland).

1 monnaie de Faustine ;
1 monnaie d'or de Zénon.

Heide (Gottland).

1 monnaie d'or de Zénon.

Myrvälder (Gottland).

1 monnaie d'or de Léon.

Gothem (Gottland).

1 monnaie d'or de Léon.

Roma Kungsgård (Gottland).

1 monnaie d'or de Léon ;
1   id.   de Zénon.

Ala (Gottland).

1 monnaie d'Anastase.

Närs (Gottland).

7 monnaies de Zénon à Anastase.

Gäsinge (Sudermanie).

1 monnaie d'or de Constantin le Grand.

Grädinge (Sudermanie).

1 monnaie d'or de Zénon.

Husby (Upland).

1 monnaie d'or de Claude ;
1   id.   de Néron.

Alunda (Upland).

1 monnaie d'or de Léon.

Landborgen (Öland).

Plusieurs monnaies d'argent des Faustines, Antonins, etc.

Karlevi (Öland).

Monnaies d'argent d'Antonin le Pieux, des Faustines et de Marc Aurèle.

Thorslunda (Öland).

1 monnaie de Constantin le Grand.

Hullersta (Öland).

79 monnaies romaines de la première époque de l'Empire.

Gräsgård (Öland).

1 monnaie de bronze de Faustine ;
1 monnaie d'or de Léon.

Resmo (Öland).

1 monnaie d'or de Libius Sévère.

Wickleby (Öland).

1 monnaie d'or de Valentinien.

Smedby (Öland).

1 monnaie d'or de Pulchérie.

Segersta (Öland).

1 monnaie de Valentinien.

Sandby (Öland).

1 monnaie de Marcien.

Norra Sandby (Öland).

1 monnaie d'or de Libius Sévère.

Möckleby (Öland).

1 monnaie d'or de Placidus Valentinien;
1   id.   de Léon.

Gärdslösa (Öland).

1 monnaie d'or de Théodose le Grand.

Bredsätra (Öland).

11 monnaies d'or de Théodose II, Valentinien III, Léon et Anthemius.

Köpings (Öland).

1 monnaie de Majorien;
1   id.   de Léon.

Glömminge (Öland).

1 monnaie de Zénon.
1   id.   de Théodose II.

Högsrums (Öland).

1 monnaie d'or d'Honorius.

Alböke (Öland).

1 monnaie d'or d'Anthemius.

Löths (Öland).

1 monnaie d'or de Pulchérie.

Persnäs (Öland).

1 monnaie d'or de Valentinien.

Högsby (Öland).

1 monnaie d'or d'Arcadius.

Högsbo (Öland).

1 monnaie d'or de Léon.

Böda (Öland).

1 monnaie d'or de Marcien.
1   id.   de Théodose II.

Hosmo (Småland).

1 monnaie d'or de Romulus Augustule.

Hylletofta (Småland).

1 monnaie d'or d'Honorius.

Vest-Mariæ (Bornholm).

16 monnaies d'argent de Trajan à Commode ;
1 monnaie d'argent de Marc Aurèle ;
1 monnaie d'argent d'Antonin le Pieux ;
1 monnaie d'or d'Anastase.

OEster-Mariæ (Bornholm).

1 monnaie de Léon.

Svanicke (Öland).

1 monnaie de Léon II ;
1   id.   de Zénon.

Akers (Öland).

36 monnaies d'or d'Honorius à Anastase.

Ahus (Skanie).

1 monnaie de Vespasien.

Ingelstad (Skanie).

1 monnaie d'or de Probus.

Önnestad (Skanie).

1 monnaie d'or de Théodose II, avec piton.

Östra Wemmenhög (Skanie).

1 monnaie d'or de Zénon.

Djurslöv (Smäland).

1 monnaie d'or de Théodose II.

Smye (Skanie).

1 monnaie d'argent de Marc Aurèle.

Sandhammaren (Skanie).

Plusieurs monnaies d'Antonin le Pieux et des Faustines.

Gerum (Westrogothie).

1 monnaie de Commode.

III

OBJETS D'ART ET DE PARURE, USTENSILES DOMESTIQUES, ETC.

Klinte (Gottland).

Anneau en electrum ;
  Id.   en or.

Eskelhem (Gottland).

Spirale en or ;
Bouton en or.

Lislena (Upland).

Urne en verre brun ;
Urne en terre cuite.

Gränby (Vallée du Mälar).

Urne en métal fondu, avec deux têtes en guise d'oreilles.

Björsksta (Westmanland).

Grand vase en bronze dédié à Apollon Granus, renfermant des ossements brûlés, des petits blocs de pierre dure et de verre fondus, probablement des pions de damier. Trouvé dans un grand tumulus.

Karlevi (Öland).

Urnes d'airain, perles, chaînes d'or, anneaux, etc.

Thorslunda (Öland).

Urne en verre ;
Perles en verre ;
Fragments d'une fibule en cuivre ;
Anneaux en cuivre ;
Poinçons ;
Vases à parfums ;
Poignée d'un grand vase en bronze, etc.

Stenåsa (Öland).

Miroir en bronze ;
Coupe en verre, etc.

Gräsgård (Öland).

Broche en electrum ;
Anneau en or pâle ;
Statue en bronze, représentant Junon ou Faustine.

Bredsätra (Öland).

Petits anneaux en or ;
    Id.   en argent ;
Petite urne en métal.

Färjestaden (Öland).

Grand diadème en or.

Gärdslösa (Öland).

Chien en métal fondu ;
Perles ;
Fibules, etc.

Småland (Gothie).

Vase en bronze.
Perles ;
Fibules ;
Pots, etc.

Tryserum (Westrogothie).

Fragments de perles en verre.

Vest-Mariæ (Bornholm).

Anneau spirale en or.

Svanike (Bornholm).

Bractéates.

Ruthsker (Bornholm).

Spirale en or ;
Barre en or ;
Fragments en or.

Hammenhög (Småland).

Coupe en verre.

Kyrkoby (Skanie).

Perles en verre bleu et vert ;
Terre cuite ;
Ivoire ;
Fibules en bronze ;
Manche d'aiguille en bronze surmonté d'anneaux , rappelant le style étrusque ou le vieux style romain.

Uppåkra (Skanie).

Perles en terre cuite, en ivoire et en verre de couleurs variées

Albäcken (Småland).

Breloque en electrum;
Perles;
Urnes en verre, etc.

Quille (Bohus).

Urnes dont une en plomb;
Ornements en or et en argent;
Perles en verre;
Vases en bronze;
Seaux en bois avec garniture en bronze, etc;

Tanum (Bohus).

Anneau en electrum et en bronze;
Fibules en bronze;
Figurines en bronze;
Perles dont quelques-unes émaillées, etc.

Augvaldsnæs (Norvége).

Vases en bronze avec leurs anses.

Rynkeby (Fionie).

Épais anneau-spirale en or;
Bractéate;
Petite barre en electrum.

Broholm (Fionie).

Bractéates d'après les monnaies de Constance et de Constantin son fils;
Anneaux-spirales en or;
Colliers et bracelets en or avec dessins gravés;
Fibules en or.

Ullerup (Séland).

Casseroles en bronze remarquablement belles.

Jægerprijs (Séland).

Fragments d'un grand vase en métal.

Tjæreby (Séland).

Aiguille ;
Fibules en argent ;
Breloque en electrum ;
Paire de ciseaux.

Rumperup (Séland).

Casserole en bronze, avec la marque de fabrique sur le manche ;
Anse de vase en bronze, figurant une tête humaine ornée de cornes.

Slagelse (Séland).

Grande et petite casseroles en bronze ; la dernière renfermait un autre petit vase en bronze.

Alsted (Séland).

Grand vase en bronze ;
Gobelet en verre.

Juellinge (Séland).

Petite coupe en métal ;
Gobelets en bronze ;
Vase en terre cuite.

Beldringe (Séland).

Grand vase en bronze parfaitement conservé.

Kjeldby (Ile de Möen).

Vase en bronze très-remarquable, orné d'arabesques dans le style grec.

Norre Broby (Fionie).

Petit miroir rond, en métal ;
Casserole en bronze ;
Fragment d'un grand vase en bronze ;
Fragment de la poignée d'une poêle ou d'une passoire en bronze, avec cette inscription romaine : DISAUCUS F. (ecit) ;
Poinçon en argent avec la tête en or ;
Breloque en or ;
Perles en or ;
Boutons en verre ;
Éperons? en bronze ;
Mors de cheval en bronze.

Byrsted (Jutland).

Vase en argent magnifiquement orné ;
Aiguilles ou poinçons en argent avec boutons massifs ;
Bijoux en argent ;
Fibule en argent avec ornements en or ;
Fragment d'un grand vase en bronze.

Himlingoie (Séland).

Corne à boire en verre ;
Gobelet en verre ;
Coupe en argent avec ornement en or ;
Seau en bronze avec ornements gravés ;
Grand seau en bronze ;
Vase en bronze intérieurement plaqué de zinc ;
Spirale en or.

Forballum (Jutland).

Coupe en métal plaquée d'argent;
Fragment d'un grand vase en bronze.

Sænder Braarup (Slesvig).

Seau en bois dur;
Colliers;
Anneaux;
Fibules;
Perles en verre;
Fragments de gobelets en verre;
Vases en terre cuite;
Seaux en bois dur;
Sandales en cuir;
Fragments de vêtements en tissus de laine;
Grande pièce de laine quadrangulaire avec franges, semblable à un plaid écossais.

Nydam (Slesvig).

Aiguilles;
Couteaux en fer;
Fibules et bijoux en bronze et en argent;
Perles en verre;
Peignes en os;
Diadème en argent, etc;

Allesæ (Fionie).

Fibules et bijoux en bronze;
Pions de damier en os et en verre;
Dés allongés en os;
Peignes en os ornés de dessins, etc.

Wœrlœse et autres lieux (Séland).

Coupes et gobelets en verre ;
Garnitures de seaux en bronze, etc.

Pour compléter l'état des antiquités romaines trouvées dans les pays du nord européen, il faudrait ajouter celles que l'on conserve dans les musées et collections du Mecklenbourg, du Hanovre, des côtes méridionales de la Baltique et de la Silésie. Des fouilles pratiquées dans ces diverses localités ont, en effet, mis au jour une foule d'objets semblables ou analogues à ceux que je viens de signaler. A *Hagenow* (Mecklenbourg), on a recueilli, entre autres, deux magnifiques casseroles en bronze, marquées chacune d'une estampille romaine. La première porte : TI ROBILI SITA (Tiberius Robilius Sitalces) ; la seconde : EPIDIA. A *Beckum* (Hanovre), beaucoup de vieilles armes romaines, et une barre de bronze avec cette inscription XIX (dix-neuvième légion). A *Massel* (Silésie), des monnaies en argent de Jules César et de Vespasien ; des statuettes de dieux en bronze, parmi lesquelles un Apollon, des urnes, des lampes en pierre portant la marque de fabrique : FORTIS ; enfin, un tombeau romain renfermant, avec un grand nombre d'objets plus ou moins précieux, une urne funéraire, sur laquelle on lit cette inscription : D. MART. OSSA IIII OLLA LIBA, etc.

ANTIQUITÉS

GALLO-ROMAINES ET CELTO-CIMBRIQUES.

Je ne m'arrêterai point à préciser les antiquités gallo-romaines trouvées dans le Nord, en Danemark, notamment. Elles sont très-rares, d'ailleurs, et le plus ordinairement mêlées aux antiquités romaines pures. Venaient-elles des fabriques de la Gaule ou de la Germanie? C'est probable. Mais je n'ai point à m'occuper d'une telle question, mon dessein dans cette première notice étant, comme je l'ai dit plus haut, de m'en tenir exclusivement aux faits.

Je passerai donc, sans autres détails, aux antiquités celto-cimbriques proprement dites.

Ici la matière est d'une abondance merveilleuse; il faudrait des volumes pour l'épuiser. Je me bornerai aux trois découvertes les plus caractéristiques.

I

LILLE DRAGSHOEI.

(Slesvig.)

En 1859-1860, un des nombreux tumulus de cette localité fut ouvert et fouillé. On en exhuma les objets suivants :

Un grand cercueil formé d'un tronc de chêne, partagé en deux compartiments creusés à l'intérieur ;

Un fragment d'un tissu de laine brune grossier et fort épais ;

Une grande boîte en cuir, de 'forme conique, garnie d'une anse, et ornée de petits clous en étain pur, figurant sur le fond de la boîte, une étoile à huit rayons. Cette boîte contenait une autre petite boîte en écorce ;

Un petit poignard en bronze, avec ses deux pitons ;

Quelques parties organiques parmi lesquelles on a reconnu les muscles du cœur ;

Quelques fragments de la peau d'un animal, dont probablement tout le fond du cercueil avait été garni ;

Une tête humaine desséchée, mais conservant encore intactes l'oreille gauche et toute la chevelure. La disposition de cette chevelure est fort curieuse. Coupée de court, presque rasée, à la hauteur du front et des oreilles, elle part du sommet de la tête en longue tresse flottante. On comprend par là l'usage de ces anneaux-diadèmes, en bronze ou en or, qu'on conserve en si grand nombre dans les musées et les collections de Copenhague et de Flensborg.

II

HVIDEGAARD.

(Séland.)

La découverte de Hvidegaard remonte à l'année 1845. Elle a eu lieu, comme la précédente, à la suite de fouilles pratiquées dans un tumulus.

Ce tumulus a rendu les objets suivants :

Un grand cercueil formé de dalles longues et carrées, unies ensemble par de grosses pierres posées en contre-fort ;
Un fragment de tissu de laine brune grossier et très-épais ;
Un glaive en bronze dans un fourreau en cuir ;
Deux fragments d'un baudrier en cuir, avec deux boutons doubles, en bronze ;
Une fibule en bronze ;
Une grande trousse en cuir fixée sur une tige en bronze. Cette trousse renfermait diverses pièces dont voici l'énumération :
Une lancette en silex, cousue dans une gaîne en cuir ;
Un couteau en bronze, disposé de la même manière ;
Un autre couteau en bronze enveloppé de bandelettes de cuir ;
Une pincette en bronze ;
Une perle en ambre ;
Un coquillage exclusivement propre à la Méditerranée (*Conus mediterraneus*) ;
Un dé en bois ;
Une griffe d'oiseau de proie ;
Une queue de serpent (*Coluber lævis*) ;

Une bourse en cuir, remplie de petits cailloux ;
Une mâchoire d'écureuil.

Certains archéologues de Copenhague ont conjecturé que l'individu enseveli dans le tumulus de Hvidegaard était un chirurgien militaire. Cette conjecture n'a rien d'invraisemblable.

III

HAFDRUP-TRÆNHŒI.

(Jutland).

La découverte de Hafdrup-Trænhœi est, sans contredit, la plus intéressante, la plus complète, au point de vue archéologique et historique, de toutes celles du même genre qui ont été faites jusqu'à présent, non-seulement en Danemark, mais encore en Angleterre, en Écosse, en Irlande, partout, en un mot, où les Celto-Cimbres ont habité. Je la décrirai en détail.

Le tumulus de Trænhœi, situé à la limite méridionale de de l'ancienne Chersonnèse Cimbrique, présente à la surface un terrain mouvant et sablonneux ; puis vient l'humus naturel, et au-dessous de l'humus sur une épaisseur d'un mètre environ, une couche pierreuse mêlée d'oxyde telle qu'il s'en rencontre dans toutes les landes du Jutland, et que les Danois désignent dans leur langue sous le nom de *Ahl.*

Lors des fouilles exécutées dans ce tumulus, la couche d'*Ahl* ayant été soulevée, il s'exhala des profondeurs du sol, une odeur fétide semblable à celle d'un vieux fossé fangeux.

Là, gisait un cercueil.

Ce cercueil était formé comme celui de Lille Dragshœi, d'un tronc de chêne fendu par le milieu, et creusé intérieurement. Il avait, en dehors, 3 mètres 3 centimètres et demi de long et 68 centimètres de large, et en dedans, 2 mètres 21 centimètres sur 55 et 52 centimètres. Son couvercle était intact, tandis que sa caisse était lézardée dans toute son étendue. Ses extrémités taillées en biais, ses flancs déjetés lui donnaient, en outre, l'aspect un peu informe. Il frappait, du reste, par son épaisseur solide, et l'on concevait qu'une telle masse eût pu braver les siècles et reposer, sans y pourrir, dans le milieu atrophiant qui l'enveloppait.

Au moment de son ouverture, ce que l'on y vit d'abord fut, une longue et large peau velue qui recouvrait le cadavre de la tête aux pieds. On a supposé que c'était une peau de bœuf. Le cuir ne s'accusait que par quelques rares fragments, mais les poils étaient drus et abondants.

La peau enlevée, un grand vêtement apparut, formant autour du cadavre des plis nombreux et l'enveloppant comme d'un suaire. Ce vêtement, parfaitement conservé, était d'un tissu de laine grossier, très-brun, uni en dehors, et en dedans semé de mèches courtes, à la façon d'une peluche. Il avait la forme d'un manteau semi-circulaire et était échancré près du cou. Il portait en longueur de 1 mètre 10 centimètres à 1 mètre 25 centimètres et mesurait 6 mètres 50 centimètres de tour.

Ce manteau cachait un second vêtement, chemise ou jupe, ouvert par devant, terminé d'un côté par une longue pointe, et noué à la hauteur des hanches du cadavre par une ceinture à bouts flottants armés de petits glands. Le vêtement dont il s'agit était composé de deux pièces cousues ensemble, d'un tissu de laine grossier, mais entièrement uni, d'un brun moins foncé que le manteau. Il portait, non compris la pointe, 80 centimètres de long sur 1 mètre 25 centimètres de large. La ceinture, faite en tresses de laine de la même couleur que la chemise ou jupe, mesurait 2 mètres 20 centimètres.

Près des épaules du cadavre, se trouvait une pièce de laine rassemblée en plis nombreux et désordonnés, garnie de franges, et ayant 95 centimètres de long sur 1 mètre 20 centimètres de large. Près des pieds, une pièce de même tissu et de même forme, longue de 80 centimètres et large de 1 mètre 15 centimètres. Ces deux pièces identiques, quant au ton, aux précédentes, pourraient être regardées comme des châles ou des plaids. Nous avons vu plus haut la découverte de Sœnder-Braarup, offrir des objets analogues.

Enfin, sous les pieds, et non loin de quelques fragments de cuir, que l'on a dû prendre pour des restes de sandales, s'étendaient deux petites bandes rectangulaires : l'une longue de 38 centimètres et large de 8 à 20 centimètres ; l'autre longue de 97 centimètres et large de 7 à 9 centimètres. Ces deux bandes, du même tissu que les autres vêtements, servaient probablement à envelopper les pieds.

Au niveau de la tête était un bonnet à forme de calotte, de 15 2/3 centimètres de hauteur, et de 17 2/3 centimètres de diamètre. Ce bonnet, brun comme le manteau, était en étoffe de laine d'une espèce particulière, épaisse de près d'un centimètre. Sans nulle trace de couture à l'intérieur, il était hérissé à l'extérieur d'une foule de petits fils tous noués par le bout. On ne saurait rien imaginer de plus solide. Il pouvait assurément, à lui seul, tenir lieu de casque ; mais, peut-être aussi servait-il de coiffe à cette espèce de casque en lamettes métalliques dont il a été question plus haut, dans le relevé de la découverte de Sænder-Braarup.

Outre le bonnet à forme de calotte, un autre bonnet en tissu de laine grossier et élastique, cousu sur le côté, et haut de 18 centimètres, se trouvait dans une petite boîte en écorce placée près des pieds du cadavre.

A son flanc gauche était son glaive engainé dans son fourreau. Ce glaive en bronze, sans ornements, avait 70 centimètres de long, garde comprise. Quant au fourreau, il était en bois, soigneusement ciselé, et garni intérieurement d'une fine peau d'animal dont les poils tournés vers la lame servaient à en faciliter le mouvement. Sa longueur était de 68 1/2 centimètres ; sa largeur de 5 centimètres.

J'ai mentionné une petite boîte en écorce, placée près des pieds du cadavre et renfermant l'un des bonnets. Cette boîte ronde de forme, avait 9 1/2 centimètres de diamètre, et 6 centimètres de hauteur. Le fond et les parois en étaient fixés au moyen d'une couture en fil végétal. Au lieu de couvercle une tresse en fibres de plantes très-délicate la couronnait, en l'exhaussant d'environ 1 1/2 centimètre.

Cette même petite boîte était contenue dans une autre boîte, de même forme et de même matière, ayant 19 1/2 centimètres de diamètre, et 12 2/5 centimètres de hauteur, et munie d'un couvercle élevé de 3 1/2 centimètres.

Dans l'intérieur de la grande boîte, à côté de la petite, se trouvaient un peigne et un petit couteau. Le peigne, à dos arqué, était en corne, régulièrement taillé et orné de ciselures. Il avait 7 4/5 centimètres de long, et 6 1/10 centimètres de haut. Le couteau était en bronze, avec une lame recourbée et terminée en guise de manche, par une queue en spirale. Sa longueur de 6 1/2 centimètres; sa largeur de 1 1/0 centimètre.

Il me reste maintenant à décrire l'état du cadavre. Il présentait un phénomène assez étrange. Toutes les parties organiques s'étaient résolues en une sorte de pâte grasse et visqueuse, d'un brun presque noir. Les vêtements en étaient remplis de la tête aux pieds.

Quant aux os, sauf quelques débris insignifiants encore durs quoique friables, ils n'offraient plus qu'une poudre azurée excessivement fine.

Je dois laisser aux chimistes le soin d'expliquer un tel phénomène.

Si la chair et les os avaient ainsi changé de nature, les cheveux, au contraire, s'étaient conservés parfaitement intacts. On les a trouvés en touffes épaisses sous le bonnet à forme de calotte. Ces cheveux, dont quelques-uns étaient coupés de court, se distinguaient par un noir d'ébène. Il en était de même des poils des parties génitales trouvés à l'endroit voulu. J'ajouterai un gros ongle d'une corne puissante; l'émail de deux dents; enfin, la cervelle qui avait gardé si intégralement sa forme qu'on pouvait encore en distinguer toutes les gyries.

Ainsi que je l'ai annoncé au début de cette notice, j'ai rapporté du Nord les dessins, les spécimens ou les fac-similé de la plupart des objets qui s'y trouvent énumérés. Pour la découverte de *Hafdrup-Trænhœi*, j'ai cru devoir faire davantage ; j'ai réuni dans un reliquaire tout ce qui était nécessaire pour en donner une idée aussi exacte que complète. Son importance capitale et exceptionnelle devait m'inspirer un pareil projet ; et grâce à la généreuse bienveillance des savants archéologues de Copenhague, les moyens ne m'ont pas manqué pour le mener à bonne fin.

Voici l'état détaillé du reliquaire en question.

I

COUVERCLE DU RELIQUAIRE.

Grand dessin colorié représentant les diverses parties de la découverte.

Bonnet à forme de calotte ;
Autre bonnet ;
Jupe ou chemise et ceinture ;
Manteau ;
Premier châle ou plaid ;
Second châle ou plaid ;
Première bande de laine ;
Seconde bande de laine ;
Cheveux ;
Poils des parties génitales ;
Poils de la peau de bœuf ;
Glaive ;
Fourreau du glaive ;

Peigne;
Couteau;
Grande boîte;
Petite boîte.

Longueur et largeur du cercueil;
Aspect du cercueil après que la peau de bœuf qui recouvrait le cadavre en eut été enlevée;
Aspect du cercueil, après l'enlèvement du manteau;
Plan du tumulus.

Le plan et les deux dessins sont placés dans l'intérieur du couvercle sous une glace mobile.

II

INTÉRIEUR DU RELIQUAIRE.

PREMIER COMPARTIMENT.

Modèle en chêne du cercueil réduit au onzième;
Fragment du vrai cercueil;
Fragments du tissu des vêtements;
Fragment de la peau de bœuf;
Poils de ladite peau;
Fragments de la chair du cadavre;
Fragments de ses os;
Fragments de sa cervelle;
Boucle de ses cheveux;
Flocons de poils de ses parties génitales.

Tous ces objets, sauf le modèle du cercueil, sont encadrés entre deux verres ou renfermés dans des flacons de cristal.

DEUXIÈME COMPARTIMENT.

Modèle ou patron du bonnet à forme de calotte ;
Modèle ou patron de l'autre bonnet ;
Id. du manteau ;
Id. de la jupe ou chemise ;
Id. de la ceinture ;
Id. Des châles ou plaids ;
Id. Des bandes de laine ;

Tous ces modèles ou patrons en étoffe de laine, sont de grandeur naturelle et d'une exactitude mathématique. Ils suppléent à l'imperfection des mesures, suite nécessaire des accidents bizarres de la coupe.

PARIS. — IMPRIMERIE DE CH. LAHURE
Rue de Fleurus, 9.